Guía breve de Ortotipografía

Edición especial

Modesto Valero Piña

Autor: Modesto Valero Piña
Diseñador de cubiertae ilustraciones interiores: Modesto Valero Piña
Título original: Para todo tipo. Guía breve de Ortotipografía (Edición especial)
ISBN: 9798610281452

Índice

Estructura del libro

El libro está estructurado en tres partes:

- En la primera, se abordan temas relacionados con elementos simples o que solo afectan a una parte del texto, como pueden ser los signos de puntuación o la correcta escritura de los números. Se ha incluido en esta sección el tema del espacio en blanco. Con ello el autor pretende que el lector comience a considerarlo como un elemento en si mismo, y no como el resultado accidental de la composición del resto de la página.

- En la segunda parte del libro se tratan temas de carácter más genérico que afectan a la totalidad de la composición, junto con otros más puramente ortotipográficos, como pueden ser la correcta escritura de las citas bibliográficas.

- Finalmente, la tercera parte del libro contiene una serie de ejemplos para reforzar la asimilación de todo lo explicado a lo largo del libro.

Este libro no pretende ser una recopilación completa y extensa de toda la normativa, ni ser el depositario de la verdad absoluta. Tan sólo se pretende que el lector-escritor lo tenga un poco más fácil a la hora de evitar algunos de los errores más comunes, y que de esa forma pierda el miedo y se atreva a ir un poco más allá. Que tengan la oportunidad de darse cuenta de que un texto es mucho más que las palabras que lo componen.

Primera parte

Interrogantes y exclamaciones

Deben cerrarse siempre por ambos lados. Puedes poner tantos como quieras siempre que lo hagas con su pareja. El punto del signo de cierre sustituye al punto de final de frase, pero no a la coma o a cualquier otro signo que sea necesario poner.

> *«¿Qué dices?, si María llamó ayer.»*
>
> *«¡Qué rápido ha sido! No me ha dado tiempo a verlo.»*
>
> *«Hoy voy al cine, ¿quieres venir conmigo?»*

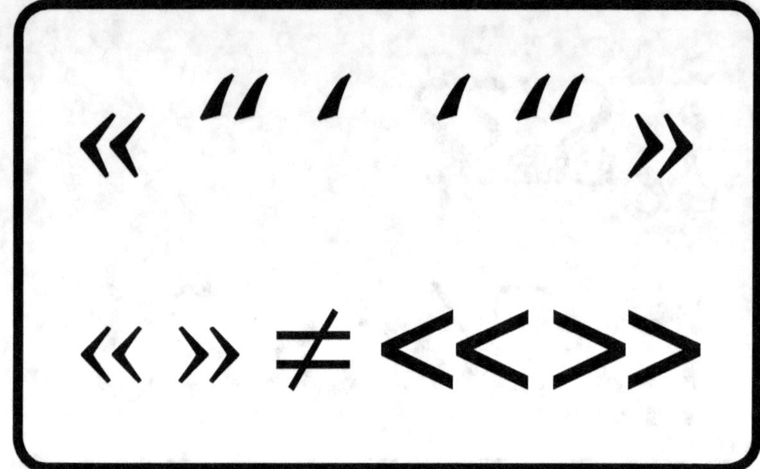

Comillas latinas, inglesas y simples

Las comillas sirven para hacer citas textuales, es decir, para repetir exactamente lo que dijo alguien o lo que leímos en algún sitio. Deben abrirse y cerrarse. Si tienes que usar más de una, porque dentro de la cita se usa otra, el orden correcto es utilizar primero las latinas, luego las inglesas y finalmente las simples. Si no dispones de comillas latinas o no sabes como ponerlas, pasa a las inglesas y luego a las simples. Aunque si haces esto, te darás cuenta que te queda un hueco más feo que si usas las latinas.

También se utilizan para distinguir partes del texto que adquieren un significado especial o diferente. Para títulos de artículos, conferencias y capítulos. Para marcar usos indebidos o incorrectos del lenguaje. Usamos comillas cuando explicamos el significado de una palabra. No se deben utilizar para destacar palabras, si necesitas hacerlo, mejor con letras cursivas. Si el texto escrito se abre con las comillas el punto va antes de cerrarlas, si no, el punto va fuera.

«No lo intentes. Hazlo, o no lo hagas, pero no lo intentes.» (M. Yoda.)

«No lo intentes. Hazlo, o no lo hagas, pero no lo intentes.»

M. Yoda

«Él dijo: "Iré hoy a verle."»

Ateo "persona que no cree en Dios".

Estaba «to colorao», cuando lo vi.

Lee el capítulo «Todo era mentira».

-Aparta tus «pezuñas» de esa tarta...
-¡Pero ella me dijo: «¡Cómeme!»!

El guión, la raya y la barra inclinada

El *guión* se utiliza para separar palabras a final de línea, unir palabras o números relacionados y separar elementos que han de ir en la misma línea. En el caso de que esté separando elementos (como si fueran comas o puntos), hay que dejar un espacio a ambos lados del guión. Hay que tratar de evitar la partición de palabra a final de página, afea el texto y dificulta la lectura.

La *raya* indica incisos cortos, de cuatro o cinco palabras. También marca quien habla en los diálogos y la podemos utilizar tanto en línea como en columnas para sustituir palabras que ya se han nombrado y evitar así repeticiones.

La *barra inclinada* tiene unos usos muy concretos. Sirve para indicar relación entre palabras o números, como en el caso de las fechas. Cuando la barra une conceptos simples no se deja espacio, pero si lo que une son conceptos que tienen varias palabras, debe de dejarse un espacio a ambos lados de la barra.

> La barra inclinada indica alternancia (sí/no), y el guión indica unión (ítalo-francés).
>
> Reunión padre-hijo.
>
> Arte - Ilustración - Moda.
>
> La casa-cueva de su madre es la azul.
>
> Cerrado por vacaciones del 1-15 de agosto.
>
> Esta noche iremos a un teatro/bar.
>
> La reunión trata las relaciones Sur de Europa / Norte de África.

02/09/2014	José	rojo
15/04/2012	María	azul
20/10/1998	Miguel	rojo
—	Marta	—
24/05/1996	Antonio	azul
30/11//1992	Enrique	—
—	Ángel	rojo

—¿Irás hoy a clase? —le pregunté.

—Aún no lo se —me respondió.

Después de ese comentario dio media vuelta y se marcho —no volví a verlo en todo el día. El reloj marcó las 07.30 h, si no corría iba a perder el autobús y tendría que ir caminando.

Paréntesis y corchetes

Si se necesita un paréntesis dentro de otro, el de dentro se hará con corchetes para evitar confusiones. En caso de necesitar hacer un tercer inciso, se utilizarían las rayas. Por separado no son equivalentes, tienen funciones diferentes, así que se debe de tener cuidado.

El usar rayas o paréntesis para hacer un inciso depende de lo grande que éste sea. Hasta cuatro o cinco palabras, la raya está bien, más allá de eso, mejor utilizar los paréntesis. Si coincide una raya con un paréntesis, aunque no es incorrecto, estéticamente no queda bien y es mejor evitarlo, habrá que sustituir las rayas por corchetes que visualmente quedarán mejor. Si el inciso va al final de la frase o párrafo, un punto sustituye a la raya en el cierre de un inciso.

Los *paréntesis* hacen un inciso para aportar información más o menos relacionada con el texto.

Los *corchetes* hacen un inciso que aporta información ajena al tema del que trata el texto.

—¿Te has disculpado con María por lo del otro día?

—¡Claro que sí! [Cuando el Infierno se congele me disculpo yo con esa estirada.]

Él dijo: «El mio (su perro) no ladra por las noches.»

Cuando llegó dijo sonriendo: «No ha sido para tanto, solo tarde un ratito [me recordó tanto a su madre], ¿nos vamos ya?»

María (que vivió en Valencia capital) nunca olvidó a su amiga.

María —que vivió en Valencia capital— nunca olvidó a su amiga.

Compró un coche nuevo (el viejo se lo ha dado a su hermano Pepe) y nos llevó a dar una vuelta.

$$1.450$$
$$14.500$$
$$1.450.020$$
$$25.350 \neq 25{,}350$$

Punto y puntos suspensivos

El *punto* marca el final de la frase y se utiliza para facilitar la lectura de los números enteros. Se pone un punto cada tres cifras contando desde la derecha, haciendo grupos de tres. En los números, la coma solo se utiliza para separar la parte entera de la decimal.

Los *puntos suspensivos* son tres, y van pegados a la palabra que tienen delante o a la que tienen detrás. Si los usamos a final de frase anulan al punto final, y si estamos enumerando elementos sustituyen a la coma. No es correcto poner etcétera y puntos suspensivos pues tienen el mismo significado, o usamos uno o el otro. Cuando hay que escribir una coma, un punto y coma o los dos puntos después de los puntos suspensivos, se hará sin dejar espacio alguno entre ellos. Si los puntos suspensivos coinciden con una marca de nota a pie de página, se escribirán primero los puntos suspensivos y a continuación la marca de nota. Si coinciden los puntos suspensivos con las comillas, paréntesis o corchetes, hay que dejar un espacio entre los puntos y el símbolo.

Los números primos (1, 2, 3, 5...), sólo son divisibles por si mismos y por la unidad.

« ...ser consciente de que la clave del pasado se convierte en la piedra angular del futuro.»

Adrian Frutiger.

«La tipografía es el arte o la... »

Hay muchos tipos de árboles: álamos, robles, encinas, etc.

Hay muchos tipos de árboles: álamos, robles, encinas...

Tus ojos de forma natural buscaran primero este texto.

Espacio en blanco

Los espacios en blanco son tan importantes como el mismo texto. Ayudan a una mejor lectura y comprensión. Facilitan que los ojos no se cansen tan rápidamente y a mantener la atención en la lectura. Así que no hay que tenerles miedo, ni tratar de llenar todo el espacio. El espacio en blanco no es desperdicio de papel como creen algunos.

Luego tus ojos buscaran la información que contiene este cuadro de texto. Donde el espacio en blanco es menor.

No leerás este texto a menos que te veas obligado y no te quede más remedio que hacerlo. No leerás este texto a menos que te veas obligado y no te quede más remedio que hacerlo. No leerás este texto a menos que te veas obligado y no te quede más remedio que hacerlo. No leerás este texto a menos que te veas obligado y no te quede más remedio que hacerlo. No leerás este texto a menos que te veas obligado y no te quede más remedio que hacerlo. No leerás este texto a menos que te veas obligado y no te quede más remedio que hacerlo. No leerás este texto a menos que te veas obligado y no te quede más remedio que hacerlo. No leerás este texto a menos que te veas obligado y no te quede más remedio que hacerlo. No leerás este texto a menos que te veas obligado y no te quede más remedio que hacerlo. No leerás este texto a menos que te veas obligado y no te quede más remedio que hacerlo. No leerás este texto a menos que te veas obligado y no te quede más remedio que hacerlo. No leerás este texto a menos que te veas obligado y no te quede más remedio que hacerlo. No leerás este texto a menos que te veas obligado y no te quede más remedio que hacerlo. No leerás este texto a menos que te veas obligado y no te quede más remedio que hacerlo. No leerás este texto a menos que te veas obligado y no te quede más remedio que hacerlo. No leerás este texto a menos que te veas obligado y no te quede más remedio que hacerlo. No leerás este texto a menos que te veas obligado y no te quede más remedio que hacerlo. No leerás este texto a menos que te veas obligado y no te quede más remedio que hacerlo. No leerás este texto a menos que te veas obligado y no te quede más remedio que hacerlo. No leerás este texto a menos que te veas obligado y no te quede más remedio que hacerlo. No leerás este texto a menos que te veas obligado y no te quede más remedio que hacerlo.

Negrita, cursiva y versalitas

La *negrita* fue creada para llamar la atención o destacar titulares o subtitulares. No sustituye ni a la cursiva, ni a las versalitas. No se debe usar en textos largos, resulta muy pesada, tampoco en palabras sueltas, crea manchas que llaman continuamente la atención del ojo distrayendo y dificultando la lectura.

La *cursiva* no es la letra romana (la que usamos para escribir normalmente) inclinada. También se le llama itálica y es fácil de distinguir por que algunas de sus características recuerdan a la escritura hecha a mano. Los nombres de los libros (o de cualquier otra tipo de publicación), de películas, de obras de arte o de cualquier otra cosa producida por el hombre, se debe de escribir en cursiva, pero no los títulos de sus partes interiores, como los capítulos o artículos en el caso de una revista. Los apodos que aparecen junto al nombre real, los nombres científicos y los nombres propios de animales o cosas también deben ir en cursiva. Las palabras que aparecen seguidas de su definición, y las letras minúsculas que utilizamos para hacer apartados deben ir en cursiva.

Las *versalitas* son mayúsculas que tienen la altura de las minúsculas pero no su anchura. Muchos programas permiten hacer falsas versalitas, pero no son correctas, hacen que el texto parezca débil y enfermo. Tienen sus propias mayúsculas y es correcto utilizarlas, en el único caso que no deben utilizarse (por cuestiones estéticas) las mayúsculas de las versalitas es cuando va a principio de texto y es la única que aparece.

Cuando se escriben números romanos dentro de un texto en minúsculas, deben ir en versalitas. Los números romanos se utilizan para partes de libros, capítulos, nombres de reyes y papas, dinastías. Los editores de texto y programas de diseño pueden falsear la negrita, la cursiva y las versalitas, pero no son reales. Antes de comenzar a escribir hay que asegurarse de que la tipografía escogida tendrá todos aquellos elementos que serán necesarios más adelante.

«...La cursiva o script no añadirá más **clase** a un diseño, debe usarse con moderación. [...] puede resultar agradable en un trabajo determinado (normalmente en tamaños grandes o en *diseño de logos vintage* o similares), pero en la mayoría de los trabajos de diseño su uso es más bien innecesario.»

Rob Carney

Esta frase no está en cursiva.

Esta frase no está en cursiva.

Esta frase sí está en cursiva.

Ayer volví a leer *El Principito.*

Dile a Antonia, la *Toñi*, que pasaré mañana a verla.

a) Los invitados.

b) Los novios.

Los humanos pertenecemos a la especie *Homo sapiens.*

SI MIRAS, VERÁS LA DIFERENCIA.
SI MIRAS, VERÁS LA DIFERENCIA. (versalitas)

BIBLIOTECA MUNICIPAL DE ALCOY
BIBLIOTECA MUNICIPAL DE ALCOY

Para el examen entrarán los capítulos del XV al XXI.
Los reyes Carlos I y Felipe II reinaron en España en el siglo XVI.

1234567890 Caja Alta

Números: con cifras o letras

De los números arábigos (los que se utilizan normalmente) existen dos tipos. Los de caja alta, que son todos igual de altos y van alineados, y los elzeverianos o de estilo antiguo, que encajan mucho mejor con el texto al tener diferentes tamaños y no estar alineados.

Cuando hay que escribir cantidades hasta el nueve, se debe de hacer con letras, el resto con números. Si aparecen juntas dos cantidades, una hasta nueve, y otra por encima, ambas deberán seguir el mismo criterio, las dos con números o las dos con letras.

Se deben escribir con cifras los números que acompañen a un símbolo, los pesos y medidas, los precios, los habitantes, las páginas, los números de las calles y los números de fechas que no sean históricas. También deben ir con cifras, las edades y los números que indican cuando pasa algo. Cuando el número esté sustantivado o acompañen a sustantivos también deben escribirse con cifras.

Se debe escribir con letras los números cuando inicien una frase, cuando expresen duda o aproximación, las cantidades que expresen tiempo, cuando forman parte de un nombre, las décadas y las fracciones fuera de una tabla. Los números que forman parte del nombre de alguna guerra, también deben ir escritos con letras.

En el caso de festejos o celebraciones, si aparece el número que referencia cuantas veces se ha celebrado, lo habitual es escribirlo con letras o cifras romanas, pero cada día se tiende más a la numeración arábiga.

Había seis libros.

Había 13 sillas.

Había 13 sillas y 6 libros.

Había trece sillas y seis libros.

Su casa está a 5 km de la ciudad, el taxi nos costó 30€.

La receta decía que eran 50 g de azúcar y el horno a 200°.

La camiseta cuesta 5€, la tienda está en la calle Aguilar 18.

El hotel se llama Apolo 13 y estamos en la abitación 113.

María nació el 3 de abril de 2010, así que ya tiene 5 años.

¡Mira que rápido es el 9!

Abrimos a las 9.30 h.

Quince alumnos de los treinta que hay en clase participaron en la carrera. Algo más del diez por ciento de los participantes.

En los ochenta la música fue mucho mejor que en los noventa.

Las tres cuartas partes del éxito son trabajo, trabajo y trabajo. La parte restante se reparte a partes iguales entre ilusión y talento.

La Segunda Guerra Mundial fue devastadora para Europa.

Horas, fechas y grados

Las horas tienen dos sistemas, el de doce horas y el de veinticuatro. Cuando se escribe la hora con letras es más conveniente utilizar el sistema de doce, indicando si se trata de la mañana o de la noche. El sistema de veinticuatro horas se utiliza más en cuestiones legales.

Las horas en punto, pueden escribirse tanto con números como con letras, pero no las fraccionadas, que deben ir con números. Para separar la hora de los minutos, se utiliza un punto.

Cuando el año de una fecha contenga cuatro o más dígitos, no se debe de utilizar el punto que separa las centenas de las unidades de millar. Solo las fechas históricas deben escribirse con letras. Cuando se escriben varias fechas juntas es conveniente añadir un cero a los días y meses de una cifra, para homogeneizar el texto. Si se está escribiendo una fecha con cifras, tenemos varias posibilidades para separar los números: la barra inclinada, el guión y el punto. No se debe dejar espacio entre los números y los signos.

Si escribimos las fechas usando preposiciones y artículos hay que tener en cuenta que con las fechas entre los años 1101 y 1999 se usa «de» antes del año, para todos los demás «del».

Los grados son de dos tipos, los geográficos y los de temperatura. El símbolo de grado debe ir pegado al número como superíndice. Pero si se está hablando de temperatura y se escribe el símbolo de la escala en la que se está midiendo, el símbolo de grado debe acompañar al de la escala, dejando un espacio entre éste y el número. Los grados Kelvin no utilizan el símbolo de grado al escribirlos.

Cuando se escriben los minutos y segundos de los grados geográficos se debe usar el símbolo prima que no hay que confundir con las comillas inglesas.

Al poner un punto entre el número y el símbolo de grado se le está convirtiendo en un número ordinal, es decir, marca orden.

Abrimos de 08.00 a 14.00 h y de 17.00 a 20.00 h.

Desperté a las seis de la mañana.
Desperté a las 6.00 de la mañana.
Desperté a las 06.00 h.
Desayuné a las 7.45 de la mañana.
Desayuné a las 07.45 h.

02/10/2014
02-10-2014
02/octubre/2014
Ayer se armó el «Dos de Mayo».

Nació el 15 de mayo del 850.

Nació el 15 de mayo de 1979.

Nació el 15 de mayo del 2005.

El termómetro marcaba 5 grados esta mañana.
El termómetro marcaba 5° esta mañana.
El termómetro marcaba 5 °C esta mañana.
El termómetro marcaba 5 °F esta mañana.
El termómetro marcaba 5 K esta mañana.

Gira hacia el sur 15° 7´ 36˝. De esa forma
atravesaremos la meta en 5.° lugar.

Símbolos y abreviaturas

Las *abreviaturas* siempre acaban con un punto (o barra inclinada en algunos casos). Si abreviamos con una sola letra y la palabra está en plural, duplicamos la letra. Si tienen más de una letra, se harán después de la primera sílaba y no pueden acabar en vocal. Cuando se abrevian dos palabras seguidas, ambas llevan su punto y se respeta el espacio entre palabras. También se respetan las mayúsculas, si la palabra la lleva, su abreviatura también.

Si se realiza la abreviación quitando letras del final de la palabra, se hará el plural añadiendo una «s». Si son abreviaturas por contracción (se juntan las letras del principio y del final), añadiremos la silaba final en plural. Las palabras que hacen la abreviación utilizando caracteres voladitos deben llevar un punto entre la letra o el número inicial y el resto de caracteres voladitos. Los tratamientos de respeto, por tradición al abreviarse se ponen en mayúscula.

Hay que tratar de evitar la utilización de abreviaturas, dificultan la lectura y requieren un mayor esfuerzo por parte del lector. También pueden inducir a errores.

Los *símbolos* no son abreviaciones, son letras o grupos de letras que representan a una palabra o grupo de palabras con un significado concreto. Los símbolos pueden utilizar las mayúsculas y minúsculas mezcladas según se haya decidido en su creación, y su escritura o representación siempre es la misma. No llevan punto al final ni se escriben en plural. Cuando acompañan a un número se debe de dejar un espacio entre ellos. Los símbolos se escriben con el mismo tipo de letra que el resto del texto al que acompañan.

No debemos confundir los símbolos de medición del tiempo (hora «h», minuto «min» y segundo «s»), con los grados geográficos o matemáticos (grado « ° », minuto « ′ » y segundo « ″ »).

Calle Águeda → C/ Águeda
Sin número → S/ n.
Cuarto izquierda → 4.º izq.
Su Majestad → S. M.
Sus Majestades → SS. MM.
Juegos Olímpicos → JJ. OO.

escalera › esc. / escaleras › escs.
número › núm. / números › núms.
señor › Sr. / señoras › Sras.
doctor › Dr. / doctoras › Dras.
María › M.ª / Marías › M.ªˢ
número › n.º / números › n.ºˢ

puerta › pta. / puertas › ptas.
peseta › pta. / pesetas › ptas.

H. ≠ H ≠ h

El H. Miguel se fue a comprar.

El H es un elemento gaseoso.

Hace 15 h que llegamos al pueblo.

Hizo el recorrido en 2 h 15 min 5s, ha batido su

propia marca.

Ayer compre 2 kg de peras.

El pueblo está a 15 km de su casa.

Segunda parte

Sangría y párrafos

La sangría sirven para marcar los párrafos. El espacio que se deja al hacer la sangría, a de ser como mínimo de la misma longitud que hay de una línea a la siguiente. Los párrafos habitualmente se sangran a partir del primer punto y aparte. El primer párrafo no es necesario sangrarlo ya que no hay nada que dificulte encontrar donde comienza.

Los *párrafos* pueden ser:

Normales, son aquellos cuya primera línea es más corta después del primer punto y aparte.

Franceses, tienen la primera línea más larga y luego el resto del texto está sangrado.

Modernos, sin sangrado. Para diferenciar los párrafos se deja un mayor espacio entre la última línea del párrafo anterior y la primera del siguiente.

No se debe aplicar a la vez sangrado y salto de línea, sería una redundancia. Los sangrados son para textos largos, si el texto es corto siempre será mejor aplicar el párrafo moderno.

Normal

Francés

Moderno

Línea viuda y huérfanas

Se debe evitar que se produzcan tanto unas como otras.

La *línea viuda* es aquella que siendo la última línea de un párrafo, se queda suelta al principio de una página o columna quedando separadas. Visualmente parecen flotar sobre el resto del texto.

Huérfanas pueden se: líneas o palabras. Las palabras huérfanas son aquellas que se han quedado solas en una línea. Cuelgan del párrafo y parecen perdidas. Las líneas huérfanas son la primera línea de un párrafo que se ha quedado sola en la página o columna anterior. Dan la sensación de haberse caído del texto.

« ...qui tent voles sit ulluptae omnihicabo. Et lant.

Os est, odignia seriae doloria speriae iure, ullibus aectibusam nis magnimpore nos iditat.Tur, quiduci enihit, oditem illab il iduciis ne nis eiusandi re quid modis adit, te omnimusa ne et fuga. Mus verem haritas pienienis.

Ut explique peri core consed ulparun duntibusam, excessitiis et ut doluptate comnis doluptio doluptateces sitati officit fugiamendi omnit, quodignia ditate nobit ex esciuris et aut quos rempore int autenditatis alit aut volore cuptatem voluptibus **dolorepudae**.

Ristrumqui qui odigend usanda sit quata cupta sitas sunt dolut venihitatem faceaquid magniat. Iqui nis ium aut mincipiet a veroviduciis imaxim et, sequi ut et aut in corem re es et autem et velibus. Em. Bitaqui beatem expero magnimus pa dolupidus ipsum iducium ium et et quaepreribus dit excero molupicius, ut laut ape sit pratem liquiam, verem haritas pienienis siminus eari de nit, imenest untem qui doleces doluptatinum et fuga. Itam alianis aperatatet labore volut estia cusa dio. Itatior sequo volupta sapiciis magniandae sim nat.

Ut explique peri core consed ulparun duntibusam... »

Notas a pie

Las notas a pie de página se marcan con asteriscos (nunca podrá haber más de tres en una página), o con números voladitos. Si coincide con un signo ortográfico, primero va el signo y luego el asterisco o el número. Las notas se escriben con el mismo tipo de letra que el texto pero a un menor tamaño. Se sitúan al final de la página (lo más recomendable) o todas juntan al final del texto. No es necesario usar un filete para distinguir el texto de las notas, la diferencia en el tamaño de la letra ya hace esta función. Solo se utilizará el filete si la nota se extiende más haya de la página en la que se inicia y aparecerá en todas aquellas paginas que ocupe.

> « ...¡Todos cantaban la misma canción![3] Aquello no podía ser casualidad. Dorothy expuso el tema a sus compañeros. Nadie se atrevió a mirarla. El asunto era ciertamente desconcertante. Desde aquel momento todos se mostraron mucho más atentos a aquellos Lobos* que los rodeaban. Quedaba meridianamente claro que aquellos animales eran algo más que simples Animales como el León.
>
> Los Lobos cantaron y cantaron durante gran parte de la velada y de la noche. Y la Gran Luna siguió su viaje marcándoles el camino hacia la Torre del Olvido.»
>
> 3. La canción que cantaban era *We all come from the Goddess*.
>
> * En el mundo de Oz no es lo mismo un animal que un Animal, un conejo puede ser o no ser un Conejo. Un Animal es un ser sensible, es decir, inteligente y consciente de su propia existencia. La mayoría de ellos hablan y suelen tener un estilo de vida similar al de los humanos, tienen los mismos derechos y obligaciones que estos. Para distinguir cuando se habla de un Animal, se escribe la primera letra con mayúscula y al pronunciarlo se exagera y alarga un poco la pronunciación de la palabra.

Citas bibliográficas

Hay muchas formas de hacer las citas, una de las más extendidas es la llamada modelo Harvard. Las citas deben ir siempre entre paréntesis.

Dentro de la cita los autores se separan con un punto y coma. Si a lo largo del texto se nombra al autor, en la cita solo se han de poner los datos de la obra.

Hasta tres autores: se escribe el apellido del autor, el año, dos puntos y la página del libro. Si el autor publica más de un libro en un año, se pondrá una letra minúscula en orden alfabético al lado del año para indicar el orden de publicación.

Tres autores o más: debe escribirse el apellido del primer autor más la formula «et al.», el año, dos puntos y la página. Los autores se separan con un punto y coma entre los datos de uno y el siguiente.

Obras anónimas: se escribe el título de la obra, apellidos y nombre del editor o recopilador, año, dos puntos y la página.

> En su libro *Pensar con tipos*, Ellen Lupton afirma: «La escala es el tamaño de los elementos de diseño en comparación con los otros elementos de una composición y con un contexto físico. La escala es relativa.» (2011: 42).
>
> En su libro *Pensar con tipos* afirma: «La escala es el tamaño de los elementos de diseño en comparación con los otros elementos de una composición y con un contexto físico. La escala es relativa.» (Lupton, 2011: 42).
>
> (Martínez, 1992b: 37)
> (Martínez; González, 2001: 45)
> (Martínez *et al.*, 2002: 93)
> (*El lazarillo de Tormes*, Martínez García A., 1986: 35)

Bibliografía

La bibliografía suele ir situada al final del libro o del documento. Se trata de una recopilación de las fuentes de información utilizadas. Se escribe en orden alfabético. En cada línea del texto van los datos de una de las fuentes consultadas, sin paréntesis.

Hasta tres autores: se escriben los apellidos y el nombre o la inicial de cada autor separados por punto y coma, el titulo del libro, la editorial, la ciudad y el año.

Tres autores o más: apellidos y nombre o inicial del primer autor más la formula «et al.», el título, la editorial, la ciudad y el año.

Página web: apellidos y nombre o inicial del autor. Nombre de la página [tipo de medio]. Última fecha de actualización. [Fecha de la consulta]. Disponible en: dirección web completa.

Programas de televisión: titulo del programa o serie [tipo de medio]. Número del programa o episodio. Titulo del episodio. Productora. Cadena emisora. Fecha. Hora.

Películas: Apellidos, nombre o inicial del director (Dir.). (Año de estreno). Título de la película [tipo de medio]. País de origen: Nombre del estudio o distribuidora.

Martínez de Sousa, José, *Ortografía y ortotipografía del español actual*, Ediciones Trea, España, 2008.

Roca Pérez, M., *Recetario moderno*, Editorial C.C., Madrid, 1989.

Martínez Roca, A.; González Pérez, R. y Pérez Aguilar, M., *Luces del Alba*, Editorial Penombra, Alcoy, 2010.

Martínez Roca, A. *et al.*, *Luces del Alba*, Editorial Penombra, Alcoy, 2010.

Cameron, James (Dir.). (2009). *Avatar* [videograbación]. EE.UU.: Twentieth Century-Fox Film.

La Rosa de los vientos [DVD-ROM]. Episodio 9. La soledad en el mar. Producciones Arco. Canal 56. Fecha de emisión: 15 de agosto de 2098. Hora de emisión: 21.30 h.

Martínez García, E. *El Rincón del escritor* [online]. Actualizada: 2 de abril de 2014. [Fecha de consulta: 15 de junio de 2014]. Disponible en: https://www.elrincondelescritor.es/

Ascensor averiado

Ascensor averiado

Legibilidad

Todo lo que se escribe tiene la función básica de ser leído, se debe facilitar la lectura. Los textos expuestos en lugares públicos deben transmitir la información básica en un tiempo máximo de tres segundos.

El tamaño de la letra no debe ser ni demasiado grande ni demasiado pequeño, ambos extremos entorpecen la lectura. Para la redacción de documentos se recomienda un tamaño entre 9 y 12 puntos y las notas entre 7 y 8, si la letra es romana (como la de este texto). Si la tipografía es de palo seco (como la del encabezado) el tamaño para redactar el texto debe estar entre los 8 y los 10 puntos y para las notas entre 6 y 7.

Las mayúsculas no se leen mejor que las minúsculas, la realidad es justo la contraria, las mayúsculas ralentizan la lectura y la hacen más cansada. Tampoco aportan mayor seriedad o importancia a nuestros escritos. Transmiten la sensación de que se está gritando al lector. Dificultan el diferenciar los nombres propios o donde termina una frase y donde comienza la siguiente.

Las abejas son fundamentales para la poli-
nización. Sin ellas los humanos no podría-
mos vivir. Moriríamos de hambre.

POR MUCHO QUE LA GENTE SE EMPECINE EN HACER
LAS COSAS MAL, SIEMPRE HABRÁ QUIEN LUCHE POR
MEJORAR LAS COSAS.

Estos dos textos tienen relativamente la misma Altura X. Cuando decimos que un texto está escrito a 12 puntos, quiere decir
que su «x» minúscula tiene una altura de 12 puntos.

papa

PAPA

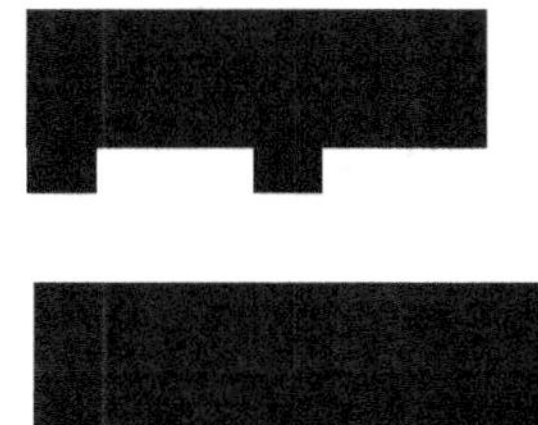

No solo leemos las letras y las palabras que formar, sino
que también el dibujo que forma el contorno de las palabras. Cuando escribimos en mayúsculas, esa lectura de los
contornos, que suele ser la primera que hacemos se pierde
por completo.

Un punto cícero (europeo) equivale a 0,376065 mm. La siguiente fórmu-
la se emplea a menudo para determinar el tamaño mínimo de la fuente:

$$H = L/300$$

H = tamaño de fuente en cm.
L = distancia de lectura en cm.

<u>AVISO IMPORTANTE</u>

<u>MAÑANA</u> MIÉRCOLES HABRÁ UNA <u>REUNIÓN</u> DE LA COMUNIDAD DE **PROPIETARIOS** PARA HABLAR SOBRE LA <u>*REPARACIÓN DE LA FACHADA*</u>.

Este cartel sería incorrecto.

No mezclar recursos

A la hora de componer un texto se ha de tener en cuenta que mezclar demasiados recursos lo único que logra es dificultar la lectura del mismo. No por poner más cosas se captará mejor la atención del lector, más bien se consigue el efecto contrario, ya que tiene que hacer un mayor esfuerzo para entender la información.

Una de las peores combinaciones que se pueden realizar es mezclar mayúsculas y subrayado, se debe de evitar tanto como se pueda.

El uso exclusivo de las mayúsculas para crear todo tipo de carteles está muy extendido. Cuando se hace ésto, da la sensación de que se está gritando al lector. Si a las mayúsculas se les añaden además negrita o subrayado, aun se está gritando con mucha más fuerza.

AVISO IMPORTANTE

Mañana, *reunión* de la comunidad de propietarios para hablar sobre la *reparación de la fachada*.

Este cartel sería correcto.

La script y la letra de fantasía

Toda tipografía por la forma de sus letras ya comunica algo y transmite una sensación. Éste hecho es más evidente en las script (tipografías que imitan la escritura manual), y en las de fantasía, ya que ambas exageran esas sensaciones. Pueden resultar muy llamativas y atractivas al principio, pero acaban cansando la vista con rapidez.. Motivo por el cual ambas deben ser evitadas para textos largos. Los textos escritos con las mayúsculas de las script, son uno de los errores más extendidos.

AVISO IMPORTANTE

MAÑANA MIÉRCOLES HABRÁ UNA REUNIÓN DE LA COMUNIDAD DE PROPIETARIOS PARA HABLAR SOBRE LA REPARACIÓN DE LA FACHADA.

Este cartel sería incorrecto.

AVISO IMPORTANTE

Mañana miércoles habrá una reunión de la comunidad de propietarios para hablar sobre la reparación de la fachada.

Este cartel sería incorrecto.

Líneas: ni largas, ni cortas

La longitud de la línea es importante, un texto con las líneas demasiado largas hará que el lector se pierda con mayor facilidad al pasar a la siguiente. Un texto con las líneas demasiado cortas puede cansar rápidamente. La longitud media de una línea no debe ser inferior a 35 caracteres, ni exceder los 75. Por caracteres no sólo se entienden las letras, sino también los signos de puntuación y los espacios en blanco.

> Muy lejos, más allá de las montañas de palabras, alejados de los países de las vocales y las consonantes, viven los textos simulados. Viven aislados en casas de letras, en la costa de la semántica, un gran océano de lenguas.
>
> Este texto sería incorrecto.

Muy lejos, más allá de las montañas de palabras, alejados de los países de las vocales y las consonantes, viven los textos simulados. Viven aislados en casas de letras, en la costa de la semántica, un gran océano de lenguas. Un riachuelo llamado Pons fluye por su pueblo y los abastece con las normas necesarias. Hablamos de un país paraisomático en el que a uno le caen pedazos de frases asadas en la boca. Ni siquiera los todopoderosos signos de puntuación dominan a los textos simulados; una vida, se puede decir, poco ortográfica. Pero un buen día, una pequeña línea de texto simulado, llamada Lorem Ipsum, decidió aventurarse y salir al vasto mundo de la gramática. El gran Oxmox le desanconsejó hacerlo, ya que esas tierras estaban llenas de comas malvadas, signos de interrogación salvajes y puntos y coma traicioneros, pero el texto simulado no se dejó atemorizar. Empacó sus siete versales, enfundó su inicial en el cinturón y se puso en camino. Cuando ya había escalado las primeras colinas de las montañas cursivas, se dio media vuelta para dirigir su mirada por última vez, hacia su ciudad natal Letralandia, el encabezamiento del pueblo Alfabeto y el subtítulo de su propia calle, la calle del renglón. Una pregunta retórica se le pasó por la mente y le puso melancólico, pero enseguida reemprendió su marcha. De nuevo en camino, se encontró con una copia. La copia advirtió al pequeño texto simulado de que en el lugar del que ella venía, la habían reescrito miles de veces y que todo lo que había quedado de su original era la palabra "y", así que más le valía al pequeño texto simulado volver a su país, donde estaría mucho más seguro. Pero nada de lo dicho por la copia pudo convencerlo, de manera que al cabo de poco tiempo, unos pérfidos redactores publicitarios lo encontraron y emborracharon con Longe y Parole para llevárselo después a su agencia, donde abusaron de él para sus proyectos, una y otra vez. Y si aún no lo han reescrito, lo siguen utilizando hasta ahora.Muy lejos, más allá de las montañas de palabras, alejados de los países de las vocales y las consonantes, viven los textos simulados. Viven aislados en casas de letras, en la costa de la semántica, un gran océano de lenguas.

Este texto sería incorrecto.

Combinación tipográfica

En tipografía cuando se habla de familia, se refiere a todas las posibles variantes que puede tener una tipografía. Como pueden ser: negritas, cursivas, versalitas, condensadas, expandidas, con remates o de palo seco. Combinar diferentes tipografías no es sencillo. Hay una serie de normas que pueden ser muy útiles para facilitar las cosas.

No mezclar más de dos tipografías. Cada tipo de letra ya expresa algo por si misma. Mezclar demasiadas en el texto puede acabar transmitiendo una sensación confusa. Si en un grupo de personas todas comienzan ha hablar a la vez, cada una contando algo diferente, es imposible escucharlas a todas al mismo tiempo.

El contraste ha de ser claro al combinar dos tipografías o dos tipos de letra diferentes. Se debe evitar la combinación de fuentes que se parezcan demasiado. La combinación más sencilla y que no suele dar problemas es utilizar una tipografía de palo seco o sans serif con otra que sí tenga remates (como es el caso de esta tipografía). Hoy en día hay tipografías con familias muy amplias que permiten hacer muchas combinaciones. Otra forma de contrastar o acentuar el contraste es usando tamaños de letras lo suficientemente diferentes como para ver la diferencia a simple vista.

No mezclar tipografías con distinta condensación, aunque pertenezcan a la misma familia. Es muy difícil lograr que funcionen juntas en un texto continuo. Esto se debe a que alteran el ritmo de la lectura. Las fuentes condensadas fueron creadas para ahorrar espacio, la mancha de texto que crean es mucho más densa y contrasta fuertemente con el resto de la página. Otra cosa es utilizarlas en un encabezado o titular para destacárlo.

SI SE COMBINAN demasiadas FUENTES TIPOGRÁFICAS en un mismo texto, aunque estéticamente pueda resultar atractivo, EL LECTOR TENDRÁ muchas dificultades para entender el mensaje.

En este texto se han utilizado dos tipografías diferentes para componerlo, pero son tan parecidas que no es fácil distinguirlas.

En este texto se han utilizado **dos tipografías** diferentes para componerlo, pero son lo suficientemente diferente como para que sea **fácil distinguirlas**.

Contraste por tamaño

Muy lejos, más allá de las montañas de palabras, alejados de los países de las vocales y las consonantes, viven los textos simulados. Viven aislados en casas de letras, en la costa de la semántica, un gran océano de lenguas. Un riachuelo llamado Pons fluye por su pueblo y los abastece con las normas necesarias. Hablamos de un país paraisomático en el que a uno le caen pedazos de frases asadas en la boca. Ni siquiera los todopoderosos signos de puntuación dominan a los textos simulados; una vida, se puede decir, poco ortográfica.

Contraste entre palo seco y tipografía con serifa.

Pero un buen día, una pequeña línea de texto simulado, llamada Lorem Ipsum, decidió aventurarse y salir al vasto mundo de la gramática. El gran Oxmox le desanconsejó hacerlo, ya que esas tierras estaban llenas de comas malvadas, signos de interrogación salvajes y puntos y coma traicioneros, pero el texto simulado no se dejó atemorizar. Empacó sus siete versales, enfundó su inicial en el cinturón y se puso en camino.

Contraste por tamaño y condensación.

Cuando ya había escalado las primeras colinas de las montañas cursivas, se dio media vuelta para dirigir su mirada por última vez, hacia su ciudad natal Letralandia, el encabezamiento del pueblo Alfabeto y el subtítulo de su propia calle, la calle del renglón. Una pregunta retórica se le pasó por la mente y le puso melancólico, pero enseguida reemprendió su marcha. De nuevo en camino, se encontró con una copia.

Texto condensado

Muy lejos, más allá de las montañas de palabras, alejados de los países de las vocales y las consonantes, viven los textos simulados. Viven aislados en casas de letras, en la costa de la semántica, un gran océano de lenguas. Un riachuelo llamado Pons fluye por su pueblo y los abastece con las normas necesarias. Hablamos de un país paraisomático en el que a uno le caen pedazos de frases asadas en la boca. Ni siquiera los todopoderosos signos de puntuación dominan a los textos simulados; una vida, se puede decir, poco ortográfica. Pero un buen día, una pequeña línea de texto simulado, llamada Lorem Ipsum, decidió aventurarse y salir al vasto mundo de la gramática. El gran Oxmox le desanconsejó hacerlo, ya que esas tierras estaban llenas de comas malvadas, signos de interrogación salvajes y puntos y coma traicioneros, pero el texto simulado no se dejó atemorizar. Empacó sus siete versales, enfundó su inicial en el cinturón y se puso en camino. Cuando ya había escalado las primeras colinas de las montañas cursivas, se dio media vuelta para dirigir su mirada por última vez, hacia su ciudad natal Letralandia, el encabezamiento del pueblo Alfabeto y el subtítulo de su propia calle, la calle del renglón. Una pregunta retórica se le pasó por la mente y le puso melancólico, pero enseguida reemprendió su marcha.

Texto sin condensar

Muy lejos, más allá de las montañas de palabras, alejados de los países de las vocales y las consonantes, viven los textos simulados. Viven aislados en casas de letras, en la costa de la semántica, un gran océano de lenguas. Un riachuelo llamado Pons fluye por su pueblo y los abastece con las normas necesarias. Hablamos de un país paraisomático en el que a uno le caen pedazos de frases asadas en la boca. Ni siquiera los todopoderosos signos de puntuación dominan a los textos simulados; una vida, se puede decir, poco ortográfica. Pero un buen día, una pequeña línea de texto simulado, llamada Lorem Ipsum, decidió aventurarse y salir al vasto mundo de la gramática. El gran Oxmox le desanconsejó hacerlo, ya que esas tierras estaban llenas de comas malvadas, signos de interrogación salvajes y puntos y coma traicioneros, pero el texto simulado no se dejó atemorizar. Empacó sus siete versales, enfundó su inicial en el cinturón y se puso en camino. Cuando ya había escalado las primeras colinas de las montañas cursivas, se dio media vuelta para dirigir su mirada por última vez, hacia su ciudad natal Letralandia, el encabezamiento del pueblo Alfabeto y el subtítulo de su propia calle, la calle del renglón. Una pregunta retórica se le pasó por la mente y le puso melancólico, pero enseguida reemprendió su marcha.

Texto con diferentes condensaciones

Muy lejos, más allá de las montañas de palabras, alejados de los países de las vocales y las consonantes, viven los textos simulados. Viven aislados en casas de letras, en la costa de la semántica, un gran océano de lenguas. Un riachuelo llamado Pons fluye por su pueblo y los abastece con las normas necesarias. Hablamos de un país paraisomático en el que a uno le caen pedazos de frases asadas en la boca. Ni siquiera los todopoderosos signos de puntuación dominan a los textos simulados; una vida, se puede decir, poco ortográfica. Pero un buen día, una pequeña línea de texto simulado, llamada Lorem Ipsum, decidió aventurarse y salir al vasto mundo de la gramática. El gran Oxmox le desanconsejó hacerlo, ya que esas tierras estaban llenas de comas malvadas, signos de interrogación salvajes y puntos y coma traicioneros, pero el texto simulado no se dejó atemorizar. Empacó sus siete versales, enfundó su inicial en el cinturón y se puso en camino. Cuando ya había escalado las primeras colinas de las montañas cursivas, se dio media vuelta para dirigir su mirada por última vez, hacia su ciudad natal Letralandia, el encabezamiento del pueblo Alfabeto y el subtítulo de su propia calle, la calle del renglón. Una pregunta retórica se le pasó por la mente y le puso melancólico, pero enseguida reemprendió su marcha. De nuevo en camino, se encontró con una copia. La copia advirtió al pequeño texto simulado de que en el lugar del que ella venía, la habían reescrito miles de veces y que todo lo que había quedado de su original era la palabra "y", así que más le valía al pequeño texto simulado volver a su país, donde estaría mucho más seguro. Pero nada de lo dicho por la copia pudo convencerlo, de manera que al cabo de poco tiempo, unos pérfidos redactores publicitarios lo encontraron y emborracharon con Longe y Parole para llevárselo después a su agencia, donde abusaron de él para sus proyectos, una y otra vez.

Buenas combinaciones tipográficas

Buenas combinaciones tipográficas hay muchas. Aquí se sugieren unas cuantas que funcionan. La mayoría de fuentes tipográficas se encuentran disponibles en empresas que reciben el nombre de fundidoras. El problema de las fuentes adquiridas en páginas que las ofrecen gratis es que la mayoría no están bien hechas. En muchas de ellas faltan caracteres, como pueden ser las tildes, o las distancias entre letras o entre palabras no están bien hechas. Cada sistema operativo de los ordenadores tienen sus propias fuentes instaladas por defecto. Algunas, como la Times New Roman, se pueden encontrar tanto en Windows como en Apple, pero otras no, como es el caso de la Cambria que solo se encuentran en Windows.

Franklin Gothic Medium

Ésta es una buena combinación tipográfica. La Franklin Gothic Medium para los títulos y encabezados y la Times New Roman para escribir el texto del cuerpo de nuestro documento.

Verdana

Ésta es una buena combinación tipográfica. La Verdana para los títulos y encabezados y la Georgia para escribir el texto del cuerpo de nuestro documento.

Helvética

Ésta es una buena combinación tipográfica. La Helvética para los títulos y encabezados y la Garamond para escribir el texto del cuerpo de nuestro documento.

Futura

Ésta es una buena combinación tipográfica. La Futura para los títulos y encabezados y la Bodoni para escribir el texto del cuerpo de nuestro documento.

Frutiger

Ésta es una buena combinación tipográfica. La Frutiger para los títulos y encabezados y la Minion para escribir el texto del cuerpo de nuestro documento.

Myriad

Ésta es una buena combinación tipográfica. La Myriad para los títulos y encabezados y la Minion para escribir el texto del cuerpo de nuestro documento.

Franklin Gothic

Ésta es una buena combinación tipográfica. La Fanklin Gothic para los títulos y encabezados y la Garamond para escribir el texto del cuerpo de nuestro documento.

Gill Sans

Ésta es una buena combinación tipográfica. La Gill Sans para los títulos y encabezados y la Times New Roman para escribir el texto del cuerpo de nuestro documento.

Garamond (negrita)

Ésta es una buena combinación tipográfica. La Garamond para los títulos y encabezados y la Helvetica Neue (Light) para escribir el texto del cuerpo de nuestro documento.

Times New Roman

Ésta es una buena combinación tipográfica. La Futura para los títulos y encabezados y la Scala Sans para escribir el texto del cuerpo de nuestro documento.

Futura

Ésta es una buena combinación tipográfica. La Futura para los títulos y encabezados y la Walbaum para escribir el texto del cuerpo de nuestro documento.

AKZIDENZ GROTESK (VERSALES / LIGHT)

Ésta es una buena combinación tipográfica. La Akzidenz Grotesk para los títulos y encabezados y la Garamondpara escribir el texto del cuerpo de nuestro documento.

Bodoni

Ésta es una buena combinación tipográfica. La Bodoni para los títulos y encabezados y la Futura (Light) para escribir el texto del cuerpo de nuestro documento.

Ejemplos

> «¡Tu Furby
> te ama!»
>
> (Veintiuno)

Horario

Mañana

09.00 - 14.00 h

Tarde

17.30 - 20.30 h

HOLA ! SOY UN LABRADOR DE 6 MESES QUE BUSCA UN HOGAR **DEFINITIVO** (EN MI CORTA VIDA YA HE SUFRIDO DOS ABANDONOS) SOY MUY CARIÑOSO Y COMO CACHORRO TAMBIEN TENGO MUCHAS GANAS DE JUGAR. ME GUSTARIA ENCONTRAR UN HOGAR DONDE SEPAN DARME CARIÑO PUES EN MI SEGUNDO ABANDONO SUFRI MUCHO (ME ABANDONARON ENFERMO Y DESNUTRIDO, AHORA YA ESTOY RECUPERADO). SI SABES LA RESPONSABILIDAD QUE IMPLICA TENER UN PERRO Y TIENES GANAS DE DARME CARIÑO LLAMA AL ▮▮▮▮▮▮. ABSTENERSE PERSONAS QUE QUIERAN "PROBAR" A TENER PERRO Y QUE NO SEPAN LA RESPONSABILIDAD QUE IMPLICA.

¡Hola! Soy un cachorro de labrador de seis meses que busca un hogar definitivo.

Soy muy cariñoso y con muchas ganas de jugar. En mi corta vida ya he sufrido *dos abandonos*. La segunda vez me abandonaron enfermo y desnutrido.

¡Ahora ya estoy recuperado!

Me gustaría encontrar un hogar donde sepan darme cariño, pues en mi segundo abandono sufrí mucho. Si sabes la responsabilidad que implica tener un perro y tienes ganas de darme cariño, llama al:

000 00 00 00

Abstenerse personas que quieran «probar» a tener perro y que no sepan la responsabilidad que implica.

se traspasa peluqueria recien
reformada y mobiliario nuevo
¡una oportunidad unica¡
en zona santa rosa en pleno
funcionamiento,con clientela
fija,alquiler economico.el
establecimiento se traspasa
por motivos de salud,precio
negociable.interesados llamar
al telf:

¡Una oportunidad única!

Se *traspasa peluquería* recién reformada y con mobiliario nuevo en zona Santa Rosa.

Precio negociable.

El establecimiento se encuentra en *pleno funcionamiento* y se traspasa por motivos de salud. La *clientela es fija* y el *alquiler* del local *económico*. Los interesados llamar al telf.:

000 00 00 00

Horario

De lunes a viernes:

De 10.00 a 13.00 h

De 14.30 a 20.00h

Sábados (con cita previa):

De 10.00 a 13.00 h

Telf. de contacto *fuera de estos horarios:*

000 00 00 00

SE OFRECE CHICA
ESPAÑOLA CON
MUCHA ESPERIENCIA
PARA LIMPIEZA
PLANCHA COCINA Y
CUIDADO DE
ANCIANOS Y NIÑOS
ESPERIENCIA
DEMOSTRABLE

VEHICULO PROPIO
TELF. ███
MAYTE

Oferta

Se ofrece chica con *mucha experiencia* en la limpieza de casa, el planchado, la cocina y el cuidado de ancianos y niños.

Telf. de contacto:

000 00 00 00

Preguntar por *Mayte*.

Experiencia demostrable y *vehículo propio*.

Cerrado
por vacaciones.

Del 11 al 19 de agosto (ambos inclusive).

Gracias y disculpen las molestias.

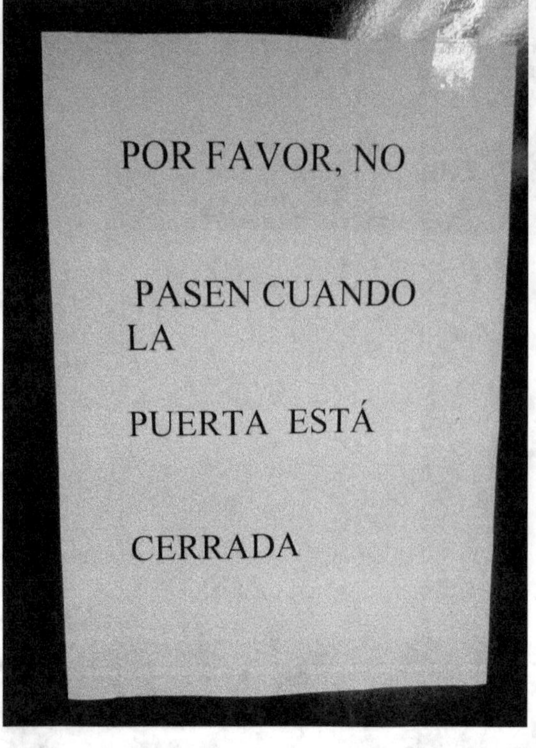

¡Atención!

Por favor, *no pasen* cuando la puerta esté cerrada.

Gracias.

Siempre estaré
contigo.

Cerrado

por defunción.

Disculpen las molestias.

Disculpen las molestias.

Cerrado

por defunción.

Disculpen las molestias.